自閉症スペクトラムの子育て

幼児期の「どうしたらいいの？」をサポート

細井 晴代 著

ぶどう社

はじめに　「どうしたらいいかわからない」の答えを探して

私は、10年間愛知県刈谷市保健センターで保健師として勤務してきました。そのころの私は、自閉症スペクトラムの子どもの子育てをするお母さんからの質問に答えられませんでした。私がしてあげられることは、せいぜい子どもの成長を記録して、手立てを見つけやすくすることくらい……しかしそこには、「どうしたらいいか」はありませんでした。お母さんは子どもについて、「どうしたらいいかわからない」、保健師であり子育てをサポートする役割の私は、「どうしたらいいのか」を答えられない……後ろめたい気持ちでした。

私は、何かいい手はないかを毎日考えるようになっていました。そして、「子どもたちの療育はこれでよいのか」という疑問をもつようになったのです。

しばらくして、私は次男を授かりました。本当に反応の薄い子でした。おっぱいを飲むのがすごく下手で、飲めば飲んだですぐに吐きます。全部吐いたのではないかと思うくらいの量を毎回吐いていました。

私にしてみたら、吐く理由も、反応が薄い理由もまったく思い当たりません。本気でどうしたらいいかわからず、病院で検査をしてもらったほどです。しかし、検査は異常なしでした。

不安は常にありました。幼児になっても反応は薄いまま、這わない、歩かない、ことばは出ない、そんな状態に苦しめられました。また、「どうしたらいいのか」わかりませんでした。いちおう保健師なので、一般的な発達の促し方はやってみましたが、とにかく反応が薄いのでこちらを感知しませんでした。

そんなことがつづくうちに、私はいろいろな本を読みはじめました。そして、たまたまみつけたセミナーではじめて、「どうしたらいいか」の一部がわかったのです。そのことをきっかけに、もっと発達を促す良い方法がないかと、私の研究はじまりました。いろいろなセミナーや講習に出かけ、療育理論についていろいろ学び、そして、今の支援の原型ができ、「発達支援教室クローバー」で教えることになったのです。「これは、子どもを発達させることができる」と感じた私は、大学院に進み、より深い内容の療法を学び、今の方法に進化させていきました。

＊

お母さんたちは、「どうしたらいいか」の支援方法を教えてもらい、右往左往しながら支援をためし、成功したと思ったら次の課題が出てくる、なんていうことはたくさんあります。そんなとき、あきらめて「ダメだった」で終わってしまうこともあると思います。私は、支援方法を伝えるだけでなく、支援の経過の問題に対して、「そういうときにはこうすればいい」という、今後へのアドバイス、今後に起こりそうなことやしたほうが良いことを伝え、お母さんたちの子育てをフォローしていくことが大切だと考えています。

本書では、自閉症スペクトラムのこうちゃんのお母さん、「中野おかんさん」にご協力いただき、中野おかんさんの様々な「どうしたらいいのかわからない」相談に、私が支援のアドバイスをし、そのアドバイスを、おかんさんがご家庭で実践した経過、その後を紹介しています。そしてさらに、私がその後の療育方法のポイントをアドバイスします。

私が教室を開催する理由はただひとつです。「困っている親ごさんを助けたい」、「困っている子どもを助けたい」です。私が困ってきたからこそ、その解決法を伝え、自閉症スペクトラムの子育てをするお母さんの手助けをしたいのです。

子育ては、一瞬ではなくずっとつづくものです。本書が、「どうしたらいいかわからない」と困っているお母さんの助けになることを、日々の子育てに役立てられることを願っています。

細井 晴代

紹介

細井先生

「発達支援教室クローバー」を主宰し、発達障害の子どもと親ごさんがお互いに理解し合い、共に幸せに歩んでいけることを目指しています。

また、知的障害児の母親でもあります。「この子が育つために何をしたらいいのかわからない」という思いを解消したくて研究をはじめ、実績に裏打ちされた教育を教室で行っています。

こうちゃん

現在6才の男の子。3才で自閉症スペクトラムと診断され、療育手帳はA判定。

アウトドアとプラレールが大好きで、山登りは2000メートル級の登山も経験。ほぼ毎日お父さんとプラレール作りを楽しんでいる、自閉くんです。

中野おかん

こうちゃんを44才の時に体外受精で出産。3才の時、こうちゃんが自閉症スペクトラムと診断されてから、「発達支援教室クローバー」に通いはじめる。

週末は、ナースとして療養病棟で勤務している、自閉症スペクトラム児のおかんです。

「どうしたらいいの？」サポート４つの基本

発達障害があると、どうしても親子がわかり合えずに苦しみます。それは、発達障害の子どもに独特の感性があるため、子どもの感じ方や気持ちがわかりにくいからです。

独特の感性を理解することで、発達障害の子どもの気持ちがわかりやすくなります。そうすると親子関係が改善し、子どもも落ち着き、学びを深めていきます。

どのように接すれば、発達障害の子どもが落ち着き、学ぶことができるのか、まずは４つの基本を紹介します。

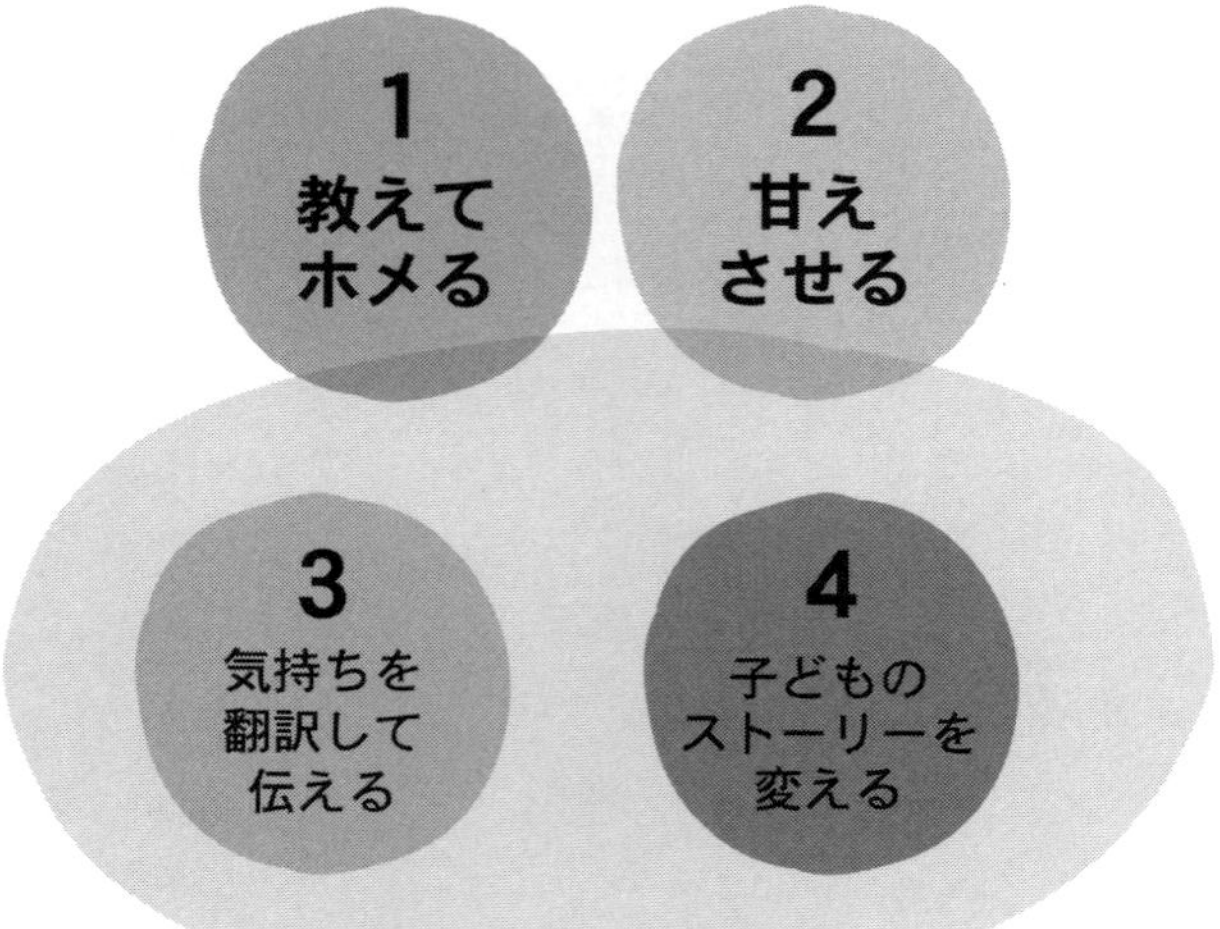

1 教えてホメる

支援

教えるのは、教えてもらわなければ勝手に学ぶのがむずかしい子どもたちだからです。ホメるのは、そのやり方が合っていることをわかりやすく伝えるためと、お母さんにホメられることによって、子どもに「できた感」が伝わりやすく、「またやろう」という気持ちにさせることです。まずは、「教えてホメる」ということを大切にします。

1 やりかたを教える
↓
2 やらせてみる
↓
3 ホメる
↓
4 子どもが「できた感」を感じる

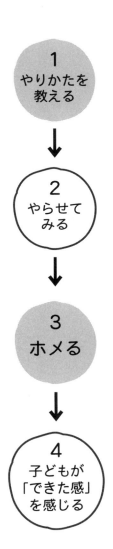

2 甘えさせる

支援

甘えさせるとは、気持ちを理解し受け止めることを意味します。甘えは、自閉症スペクトラムの子どもはもちろん、どんな子どもにも大切です。人は受け入れられてはじめて人を受け入れることができます。受け入れられて甘えが育つことで、相手の価値観を受け入れることができます。つまり教育は、甘えが育つことで本当の意味で可能になるのです。

0
子どもが
ダダこね

↓

1
ダダこねの
気持ちを
理解する

↓

2
理解した気持ちを
ことばにして
伝える

↓

3
いい子いい子して
受け止める

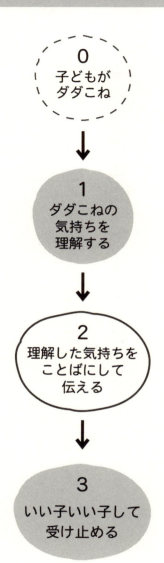

3
気持ちを翻訳して伝える
支援

自閉症スペクトラムの子どもは、自分の気持ちを言語化することが苦手です。さらに、感情に気づくことも苦手です。子どもの気持ちを翻訳して伝えてあげることで、子どもはその気持ちを言語化して整理することができ、ことばの発達につながります。また人は、気持ちに名前がつくと感情の整理がしやすくなるので、感情コントロールに役立っていきます。

4
子どものストーリーを変える
支援

自閉症スペクトラムの子どもは、周囲から学ぶことが苦手なため、自分で勝手に因果関係を決めていたりします。そのため、現実に合ったストーリーを子どもの中に取り込む必要があります。そのためには、子どもと全身で語り合いながら、好ましいストーリーを伝えていくことが大切です。少しずついろいろなことを学んでいくことができ、社会性の教育につながっていきます。

1章

子どもの苦手

「教えてホメる」

自閉症スペクトラムの子どもたちは、見通しの立たないはじめてのことがとても苦手です。さらに、周囲を見て学ぶのも苦手なために、「どうしたらいいのかわからなくて不安」という状態になってしまいます。そして、その不安な状態のせいで、いろいろな問題を起こしてしまうことがあります。

この章では、自閉症スペクトラムの子どもの苦手によくある「どうしたらいいの?」の相談に、「教えてホメる支援」を通してお答えしていきます。

教えてホメる

1

新しいことが苦手

●エレベーターに乗らない

おかんの相談

こうちゃん3才8カ月

わが家はマンションの4階にあります。引っ越ししてからしばらくはエレベーターに乗っていたのですが、突然、4階までのエレベーターをかたくなに拒否し、「階段で行く」と息子のこうちゃんは言います。

おかんの荷物が多いときも、お願いしても受け入れてくれません。乗っている人がいるとかいないとかも関係なく、乗りたがりません。

「どうしたらいいの？」アドバイス　無理にでも乗せてホメる

マンションの４階までいつも階段で上がるのは辛いです。こうちゃんにエレベーターをそんなにイヤにさせている原因は何でしょうか？　エレベーターが嫌いなのか？　すごく階段で行きたいのか？　階段が大好きなのか？　どうしても原因がよくわからないときがあります。

原因がはっきりしない場合、荷物が多いときなどは大変なので、無理にでも乗せて、乗れたことをおおげさにホメます。ホメられるとうれしいのでそれがごほうびとなり、くり返すことで行動の習慣化につながっていきます。

原因が新しいことに対する拒否の場合、新しいことへの不安の解消として、マンションの前に着いてからエレベーターに乗って家に入るまでの一連の行程を、視覚支援で示すのも効果があります。

子どもの気持ち

世の中すべてが恐い

●新規不安からこだわりに

子どもたちは、何が起こるかわからなくて、そしてどうしたらいいかわからなくて、世の中すべてが恐いのです。さらに、新しい未知のものは特にとても恐いのです。

これはよく、「新規不安」と呼ばれる状態です。新規不安の状態になると、同じことをくり返したり、本人が知っていることにこだわったりします。それが、常同行動やこだわりになってしまう場合があるのです。

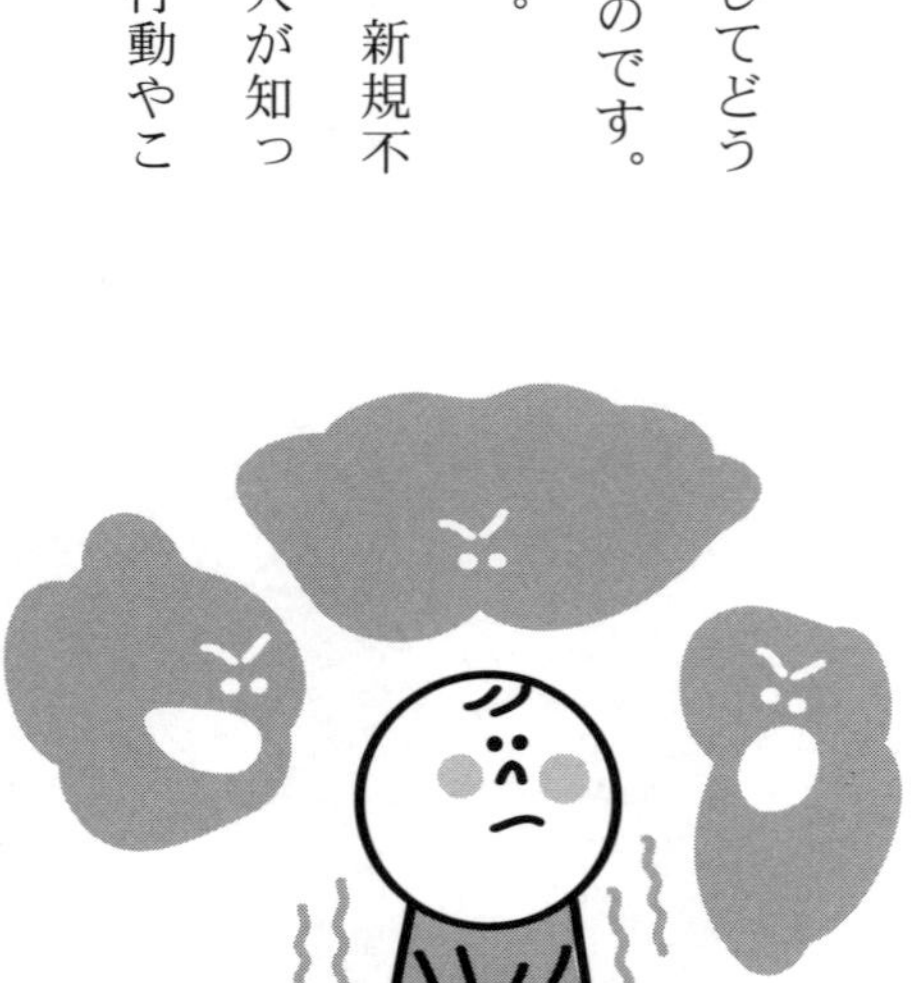

子どもが新しいことをするときの

ポイント

- 教えてホメる
- 見通しを与える

子どもたちが「新規不安」の状態だと、どうしても新しいことを受け入れるのがむずかしくなってしまいます。「新規不安」を軽くするためには、まず「教えてホメる」ということが大切です。「教える」は、ヒントを与えながらやり方を教え、やってみることを意味します。そして、できるところまでを「ホメる」。子どもは、ホメられた方法は良かったとわかり、ホメられて心地がいいのでそれをくり返し、良い方法を身につけられるようになっていきます。

次に、子どもたちに「見通し」を伝えることも大切です。新しいことが、「どんなものか見せる」、「どんな流れかを示す」ということで、だいぶ不安は解消されます。

こうちゃんとおかんの

その後

自分から乗るようになったけど、他の問題が次々と……

先生のアドバイスから、泣きながらもエレベーターに押し込むような形で乗せることからはじまり、ホメてをくり返していると、ホメたあとにニヤリとするようになりました。そのうち慣れてきたのか、自分から乗るようになりました。

しかし、いろんな階のボタンを押したり、開閉ボタンなどのボタンというボタンを押すようになり、エレベーターに乗ること自体がマンションの皆さんに迷惑をかける状態になってしまいました。

また、お父さんと外出したときに、その前のこだわり行動（駐車場近くの地下道を歩きたい）を阻止されたことに腹をたて、エレベーターの中で放尿しこともあり、お父さんもあと片づけが大変で、それからエレベーターに乗せなくなり、おかんもお父さんもエレベーターに乗せる気力をなくす状況になり、そのうちに本人も階段生活に戻りました。

「まあ老化防止、ダイエットにもなるし……」「他の建物のエレベーターには乗れるし……」と、問題を前向きに考えようとしていたところへ……おかんが転倒し捻挫をしてしまいました。この時は、「根性だー」のおかんも、4階まで階段を上ることは辛く、「こうちゃん、今日おかあさん足痛いんだわ～、エレベーターに乗ってくれないかなー？」と言うものの、どんどん階段を上って行き、おかんは、「ああ、やはりあなたは自閉くんだねー」と、言っても仕方ないことをボヤキながら必死で手すりを使い4階まで気力で上りました。

他の問題が次々と起こり、とりあえず今は足腰も両親共大丈夫なので、階段生活です。また足腰が痛んだときのためにも、今後取り組まなければいけないことではありますが、今だに棚上げ状態です。

その後の療育ポイント

衝動性を軽減するにはわかりやすい指示を

●その後の問題を想定

エレベーターに乗り込むだけなら、無理にでも乗せてホメて習慣化することは、こうちゃんにも効果がありました。しかし、問題はそのあとでした。ボタンを押してしまうなどの乗ったあとに起こってしまう問題です。

子どもたちは、目に映るものを「試したい」、「知りたい」、「知って安心したい」という衝動があります。また、その衝動性をかき立てるひとつに、「物から話しかけてくる」ということもあるようです。

その衝動や物からの声を軽減するには、わかりやすい指示をしてあげることが必要です。例えば、エレベーターに乗ったあとにすぐに、すべてを触りたいこうちゃんに、「ここだけ触れるよ」という指示をしてあげることで、それらは軽減されます。さらに、視覚支援で示すのも効果的です。

●1カ月をめどに

このように、新しいことを教えるときには、その後の行動まで想定して整えていく必要があります。時間はかかりますが、ていねいに教えることで解決していくことが大切です。

人は、1カ月ほどで新しい行動が定着していきます。1カ月をめどに、支援の効果をみていきます。

そして、本人が「がんばってがまんしているな」と感じたら、一瞬だけだとしてもホメ、行動の習慣化を図ります。そのくり返しが、好ましい行動の習得に効果があるのです。

教えてホメる

2

慣れない場所が苦手

●通園のとき大泣きして多動に

おかんの相談

こうちゃん3才8カ月

通園のとき、絵や写真などで予告をしていますが、道中では泣き、着いてからも大泣きして園の門に入るのを拒否します。建物に入っても人が集まっている所がイヤなのか、朝の会など落ち着きません。家でも以前より多動が目立ち、本棚から本をムダに出したりしています。

朝はおかんも忙しく、朝の段階でかなり体力を消耗する感じです。

「どうしたらいいの?」アドバイス

がんばれたらホメる

どんな子どもでも、通園当初は大泣きして大変です。

ここでも、泣きながらも園まで来れたことをおおげさなくらいにホメてあげてください。とにかく行けたらホメるをくり返します。そして、園の中でもがんばれたことをホメます。がんばれたあとは、本人の好きなことの時間を少し作ってあげます。それがごほうびになり、さらにがんばれるようになります。

朝の会などでどうしても落ち着かないときは、子どもは、何をしたらいいかわからずに不安だったり退屈だったりすることが多いです。少し場所を離れて歩いたり、何か気を紛らわせる時間を作ってあげます。

そして、本棚から出した本は、本人に片づけてもらい、片づけたらホメます。片づけるのが面倒くさくなり、ムダに出さなくなっていきます。

こどもの気持ち

どうしていいかわからないし不安

不安な気持ちを受け止めてあげる

自閉症スペクトラムの子どもたちは、どうしていいかわからなくて非常に不安で怖くて、「泣く」ということがよくあります。

このとき、「母子分離」で泣くのか、「新規不安」で泣くのか、わからないことが多く、本人もどちらなのかごちゃごちゃでわかっていなくて泣いていることもあります。しかし、どちらにしろ、子どもの「怖い」という気持ちを受け止めてあげることが大切です。

子どもが不安なときの

ポイント

● なぐさめて安心させる
● 見通しを立てて安心させる

子どもが不安なときは、その気持ちを受け止めてあげて、「こわいね、こわいね、でも大丈夫よ」と言って、背中をさすったり抱きしめたりしてなぐさめてあげます。そうすることで怖いという気持ちが整理され、同時にお母さんになぐさめられ、「大丈夫感」が子どもの心のなかに育っていきます。

そして、慣れないことで泣いているときには、今からの流れを伝えることが大切です。場所の説明やこれから何をするのかを、必要ならイラストや写真を使って伝えます。そうすることで、今からの見通しを子どものなかで立てやすくなり、わかることで安心して落ち着くことができます。

こうちゃんとおかんの

その後

好きな新幹線をごほうびにして園を楽しいところにしたら

通園から1カ月くらいで、少し泣くけど数分で自分から園に入るようになりました。おかんも母子通園が毎日の時期で疲れていることもあり、ホメることはしていましたが心の底からホメていたかというと……それはウソで、女優になっていることが多かったかもしれません。

この時期、園では砂場遊びや水遊びがあり、本人が好きなことだったので楽しい場所と思えたこともよかったと思います。

あと、園からは新幹線が通るのが見えるので、本物の新幹線を近くで見られる環境はこうちゃんにとってとてもよく、園でのプログラムで落ち着かないときのひと呼吸に使ったり、がんばれたときのごほうびに使いました。「次の新幹線が通ったらみんなの所に戻るよ」と、めどをつけて次の行動を指示するときにも役立ちました。

おかんとしては、本当にいつも新幹線に助けてもらい、「よくぞここに新幹線を通してくれました！ありがとうＪＲさん」という感じでした。ここに新幹線が通ってなかったら、こうちゃんが園に通うことはもっとハードルの高いものになっていたかもしれません。

本棚から本を出してしまう行為は、ストッパーで扉を開けられないようにしましたが、どうにか知恵を使って台を見つけて本を出すこともありました。けれど、一緒に片づけることで、「出しても片付けないといけない状況」がおもしろくなくなったのか、いつの間にかしなくなりました。

その後の療育ポイント

気晴らし効果で気持ちの切りかえを

●切りかえスイッチ

こうちゃんは、慣れない場所で楽しいことがあったので、「気晴らし効果」がありました。慣れさせたい場所で楽しいことを見つけたり楽しさを認識させることは、その場所に慣れることにつながります。

新幹線は、良い切りかえのスイッチになりました。新幹線は、通るのに一定の時間がかかり、そして時間が過ぎれば去っていく。これは、気持ちを切りかえるスイッチとしてとても有効です。このように、「少しのあいだ好きなもので気分を上げて、ある一定の時間がたてば区切りをつけて戻る」という支援は、慣れない場所や、退屈や不安な場所のときに最適な支援です。

●思いついたことを大切に

子どもの気持ちになって想像したとき、思いついたことを大切にしてください。それはたいがい当たっています。その思いついたヒントをもとに、「それならばこうするといいかも」という支援を試してみてください。こうちゃんの場合は、「新幹線が好きだから、新幹線でひと呼吸してみるといいかも」、という支援でした。

苦手なことに慣れさせようと、子どもにイヤイヤ強制的にくり返すのではなく、最初は少しずつ回避をしながら、徐々に核心をついていくイメージで進める支援が有効です。苦手なことを強制すると、本当にできなくなってしまうので、それだけは注意が必要です。

教えてホメる

3

伝えるのが苦手

●イヤなことがあると問題行動が出る

おかんの相談

こうちゃん3才8カ月

つばを、園では床に、家では壁や窓に吐いています。最近、環境の変化もあったので、イヤなこともたくさんあるのでしょうか？　イヤなことがあるときは、手や首を振るなどのサインを教えますが、理解できていない様子です。

「つばは汚いもの」という以前の問題で、少しこちらをおちょくっているようなときもあり、朝や夕方の忙しいときは正直むかつきます。

「どうしたらいいの?」アドバイス

どういうときか観察する

どういうときに、つば吐きをしているかをよく観察してみると、自分の要求が通らないときや、つまらないときなど、何か理由があってつばを吐いているのだということがわかります。どういうときにしているのか察することができたら、視覚支援などを使って、自分の感情を表現していく方法を教えていきます。

それと合わせて、つばを吐くたびに本人に拭かせ、拭いたことをホメるをくり返します。たとえ効果がなくても、きれいに拭くことをひたすらつづけさせてください。そのうち本人が面倒くさくなってやらなくなっていきます。

お母さんも忙しいときは大変かと思いますが、子どもが、「かまってほしい」、「つば吐きをやれば反応してくれる」と思っているふしも少しあるので、たんたんと一緒に拭いてみてください。

伝える方法がわからない

●感じ方がちがうと表現方法もちがう

子どもにつばを吐かれたら、それを訴えとは思わずに、バカにされたと感じることもあるでしょう。また、「遊ぼう」という表現が、頭突きだという場合もあります。頭突きされれば通常は攻撃だと思います。

このように、感じ方が異なるために表現方法が異なることは沢山あります。

そういう視点で問題行動をとらえ観察すると、何か子どもの訴えがみえてきます。

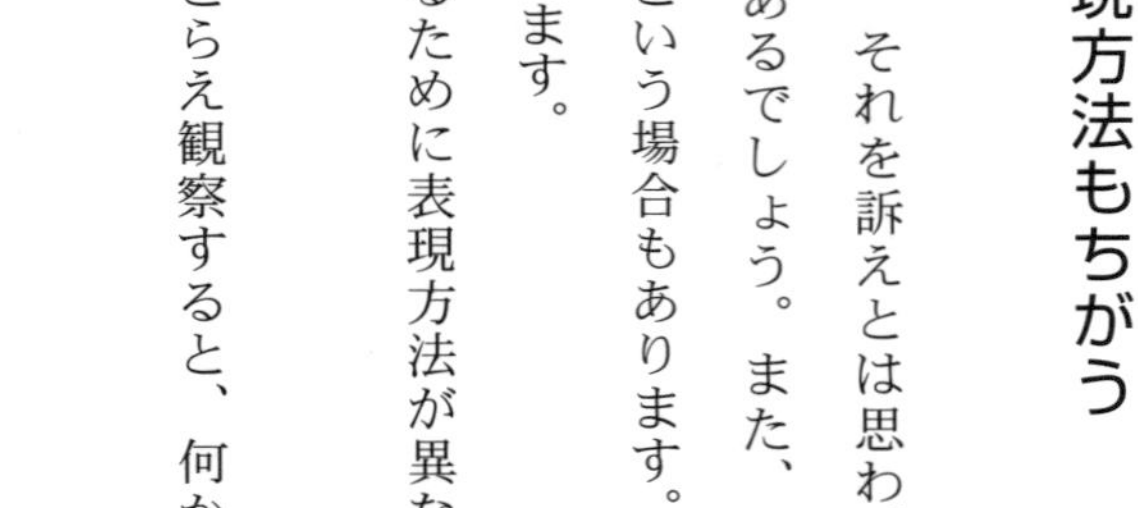

子どもが伝えたいときの

ポイント

- 観察して意味をとらえる
- 訴えに全身をかたむける

問題行動は、たいがい何らかのことを子どもは訴えています。伝える方法がわからずに、まちがった方法で伝えてしまっているだけなのです。ここで大事なことは、子どもたちと私たちの感じ方は、異なる部分が多いということです。子どもたちの本当の意図するところを、私たちは勘違いしている可能性が高いのです。観察して行動の意味をとらえることで、何を教えたらいいのかがわかります。

子どもの訴えに全身をかたむけて、問題行動への指導方法を見つけることが非常に大切です。

こうちゃんとおかんの

その後

ついつい自分の感情が優先になっていたのかな

つばを吐くことが多いのは、家では朝食後から外出するまでの時間や夕食前後の時間帯に多く、本人がかまってもらえないという感情があるときが多いように思いました。園では、座っている時間が長く、本人にとってつまらないときにつば吐きが多いようです。

家で外出する前に、ホワイトボードに出かけるまでにすることを見せ、時間の経過をマグネットで見せる方法をとりました。イヤなときや、やりたくないときは、つばを吐くのではなく、手でイヤイヤを表すことを教えましたが習得できず、首を振ることも教えましたができず、どうも手まねなどの動作を習得することは、こうちゃんにとってかなりむずかしいようです。いまだにイヤなことは、「うーうー」、「わーわー」と言うことで表しています。

思い起こせばつばを吐いたあと、「あっなに！つば吐いたでしょー！拭くよ！」と言っていた私の反応にうれしいのか、かまってもらえたと思うのか、笑うときもあり……（正直このようなときは、むかつきます）でも、そのむかつきを表現すれば、また2次、3次のややこしい問題を引き起こすだけ！「ハイハイ拭くよ」と、ルーチンワークのごとく母はがんばり、一緒に拭いてはホメるをくり返し、2カ月ぐらいでつば吐きはなくなっていました。

おかんとしては、「つばを吐くとはなにごとじゃー」と思います。汚い、親を侮辱している、というこちら側の感情です。私の生活自体も、園に慣れる、家事をこなす、土日の新しいパートの仕事と余裕も体力も低下している状態です。ついつい自分の感情が優先しがちですが、問題行動をされる前に、「こうちゃん、お母さん終わったらこうちゃんの所いくからこれで遊んでて」と、こうちゃんの気持ちになって声かけを多くしていけばよかったのかなって思っています。

その後の療育ポイント

ことばがまだ出ない子にも声かけを

●ことばは身体に蓄積して理解に結びつく

こうちゃんは、なかなか手ぶりを習得するのがむずかしかったようですが、あきらめずに「イヤ」と感じているのを察知したら、手を取って「イヤイヤ」をさせることをつづけてください。「その手ぶりをすることで、物事がうまくいく」とこうちゃん自身が思うときに、表現方法を身につけることができるようになります。

また、子どもの気持ちを読み取って声かけをすることはとても大切です。ことばがまだ出ない子どもでも、気持ちにくっついたことば、状態に沿ったことばを声かけされるうちに、ことばは身体に蓄積し理解に結びついていきます。タイミングよく声をかけていくうちに、ことばは育つのです。注意としては、子どもの気持ちに合っていないと効果がありません。たとえば、困っているだけなのに「イヤイヤ」と伝えることを教えても、意味が合っていないので習得できません。

●くるくる回るのは何か伝えたいのか？

自閉症スペクトラムの子どもは、往々にしてくるくる回るのが好きです。何かを伝えたいのか、単に好きなのかと思いきや、実はストレスからの解放を意味するところもあるようです。くるくる回っているときには、「何かしらストレスがあってなんとかしようとしている」と感じ取ってあげると良いかもしれません。

また、ストレスが溜まっていそうなときに、子どもにくるくる回ってもらって気分転換をし、気持ちの切りかえに役立てるのもひとつです。

くるくる回るだけではなく、本人がよくしている特性には、ストレス解消などの意味がある場合があります。よく観察すると、その特性を日々の支援に活かせるかもしれません。

2章

母と子の関係作り
「甘えを育てる」

知識や社会性は、人から学ぶものです。自閉症スペクトラムの子どもでも、お母さんに甘えることができるようになると、お母さんをはじめ周囲から学ぶことができるようになってきます。そして、知的能力や社会性が向上するようになります。

人に甘えられることは、これからの人間関係の基礎にもなります。甘えられるようになると、人ともうまくやっていけるようになるのです。もっと言うと、子どもが発達するだけではなく、実はお母さんも救われます。

この章では、自閉症スペクトラムの子どもとお母さんの間によくある「どうしたらいいの?」の相談に、甘えることの大切さを伝えながら、お答えしていきます。

母と子の関係

4

子どもが甘えること

忙しくしていると何かやらかす

おかんの相談　こうちゃん3才8カ月

こうちゃんは、おかんが忙しくしているときにかぎっていろいろやらかしてくれます。このごろ、おかんが用事をしているときに自分が好きなことをするということがなくなり、集中力に欠けているようなところがあります。

間がもたないのか、私が洗濯物を干しているベランダに来てつばを吐いたり、勝手にテレビをつけリモコンで遊んだり、家の中を散らかしたりします。

「どうしたらいいの？」アドバイス

体を使って一緒に遊ぶ

お母さんの行動が気になり、部屋から出てベランダに行く、不安な気持ちもあり、かまってほしいアピールをいろいろしているのだと思います。それは、お母さんに甘えたい気持ちが育ってきているのです。

自閉症スペクトラムの子どもを育てるお母さんの多くは、子どもが幼少期の時に「甘えられた」という経験があまりありません。それは、とても寂しいことです。だからこそ、お母さんと子どもとのあいだの甘えは、どちらにとっても大事なものなのです。

ここでは、子どものかまってほしい気持ちをくみ取って、寝る前にお布団に寝ころびながらくすぐるなどをして、５分でも10分でもいいので体を使った遊びを一緒にやってみてください。

また、くみ取った気持ちをことばにして代弁してあげることも大切です。

子どもの気持ち

気持ちを受けとめてほしい

●「もしかしたら甘えたいのでは?」という視点

甘えというのは、頼りたい、くっつきたい、受け入れてほしい、というような感情です。その思いをまちがって、ダダをこねる、パニックを起こす、すねる、ふてくされるなどの行動で表すことがあります。一見、問題行動に見えるのですが、それは助けてほしい、頼らせてほしいという思いの表れだったりします。

子どもが「どうも荒れている」と感じたときには、「甘えたいのでは?」、という視点で見ることも必要です。

子どもの甘えを育てる

ポイント

- 気持ちを受け止める
- 気持ちを代弁してあげる

自閉症スペクトラムの子どもたちは、甘えることすら知らないことが多く、不器用な甘えになっていることがあるので、甘え方から教えてあげる必要があります。

まず、子どもの行動の意味をよく考えます。もちろん、行動の意味がよくわからないときもありますが、気持ちを受け止めます。そして、甘えを育てる方法は実はかんたんです。「いい子、いい子」、「よし、よし」をすることです。それだけで、子どもは自分の気持ちを受け入れてくれて、受け止めてもらっていると感じることができます。

さらに良いのは、気持ちを代弁して、「〜なんだね」と伝えていくことです。そうすることで、安全で心地いいという気持ちが育ち、甘えられるようになっていきます。

こうちゃんとおかんのその後

母子関係の構築ができるとラクになる

教室で先生から「甘え」ということばが出てきて、なんかピンとこなかった感じでした。そういえばこうちゃんが育っていく過程で、私自身を求めている場面は少なかった？　おかんは、こうちゃんが1歳半の時から働いて託児所に預けていたので、おかん自身にもそのあたりの記憶が曖昧でした。表現方法はちょっとちがうけど、「僕をかまって～」の合図だったんですよね。

寝る前に一緒にカードをしたり、布団の上でくすぐり遊びをしたり、ぎゅっと抱っこしたり、お風呂では、教えてもらった感覚統合訓練を取り入れたスキンシップをしてみました。あと、「洗濯干ししてくるね～」、「トイレ行ってくるわ～」など、おかんの行動も伝えたりしました。

今は、園に行く前にお父さんとのプラレール作りで満足し、結構それで遊んでくれています。ずぼらなおかんは、きっちり時間を決めて出かけることもなく、私の都合でかなりこうちゃんをふりまわしていますが、それも受け入れてくれています。

以前、家の中にいるといろんなことをしてくれるために公園をはしごしていたことが、今では信じられないくらいにラクになりました。

夜も、「一緒に寝ないと絶対に寝ない」時期を経過して、今は、なぜかお父さんが寝ていた部屋を一人占めにして単独で朝まで寝ています。(夜中、トイレに起きるとおかんたちが寝ている部屋にいるかどうかを確認しにきて、また眠りに部屋に帰るのです。かわいい～)

先生が普段から言っている、「母子関係の構築ができるとラクですよ」の意味が、本当によくわかるようになってきました。

本当の意味で、「かわいい」と思えることが、母子関係の構築なのかな? おかんの口癖は、「こうちゃん、かわいいんだけどややこしいよ～」なのであります。

その後の療育ポイント

甘えは感情のやりとり

●「甘えさせる」と「甘やかす」のちがい

「甘えさせる」というのは、子どもの言うことに従うわけではありません。たとえば、自分でできることを「やって」と言ってきた子どもに対して、頼りたいんだな、甘えたいんだなと感じたら、その気持ちを受け止めます。しかし、やってあげるかどうかは別問題です。やってあげたいと思えばやってあげて、自分でやってほしいと思えば、「やってほしいのはわかるけど、自分でやろう」という、感情のやりとりが大切なのです。

対して「甘やかす」というのは、子どもをコントロールすることを意味します。たとえば、子どもが「やって」と言ってダダをこねたら、大人しくさせることを優先し、黙らせるためにお菓子を与える、ゲームをさせるなどです。この場合、「子どもがなんでダダをこねるのか?」という意味を考えず、子どもの気持ちを受け止めていません。そうすると、その場では子どもを大人しくすることはできるでしょうが、子どもにしてみると、どのように気持ちを表して、どのように気持ちを収めるのか学べないままになってしまいます。

甘えを受け止めてもらえないままにすると、あとになって甘えを受け止めてほしくて荒れるようになってしまうことがあります。子どもを勇気づけて、子どもの自分で行う力を育むことが子育てには必要です。

「甘える」とは、基本的に感情のやりとりです。子どもの甘えたい感情を受け止めて、そして、お母さん自身の感情も大切にしてください。とはいえ、抱っこだけはたくさんしてあげてください。抱っこは、子どもが気持ちのうえで頼っていることを表し、甘えを育てるのに大変役立つ動作です。

母と子の関係 5

子どもと離れるとき

●離れた日からできなくなった

おかんの相談

こうちゃん3才11カ月

ある日から、園でのプールに入ろうとしません。でも、家のビニールプールでは楽しく遊べています。

いろいろ考えてみたのですが、イヤなことやいつもとちがうことが重なり、ストレスMAX状態になったのかも？とも思っていますが、もしかして、急におかんと離れた日がプールの場面で、それが原因なのですかね？　今後、母子分離しない方がよいのでしょうか？

「どうしたらいいの？」アドバイス

母子分離をホメる

子どもは、お母さんと離れたことがショックで、それを思い出すことをイヤがることがあります。

しかし、今こうちゃんはお母さんを求めている時で、それはいい兆候です。お母さんがいろいろ検証されたように、こうちゃんもお母さんと離れることがかなりイヤだったのかもしれません。

そうとはいえ、母子分離の日をまったくなくすのではなく、お母さんの体調も考えて母子分離はしていったほうがいいと思います。そのかわり、母子分離した日は、「よくがんばったね」とおおげさなくらいにホメてあげてください。

プールに入ることは焦らず、「プールの場所にいることだけでもＯＫ」からはじめてください。

子どもの気持ち

わかってくれる人がいなくなった

● 子どもは誰でも甘えたい

自閉症スペクトラムの子どもたちは、「母子分離なんて平気」、そんなイメージをもっている人が多いように感じます。しかし、甘え方を知っている子どもたちは、お母さんと一緒にいたいと感じるのは当然です。

人甘えは、人と人との関わりの際に必ずあるものです。人が、「わかってくれる」というのを期待した甘えです。期待は、人がしてくれるだろうという予測で、頼っているといえます。

離れるのをイヤがるときの

ポイント

●何が原因なのか検証する
●がんばったことをホメる

何かを拒否する場合、「そのものがイヤ」か、「その行為がイヤ」か、「そのものの周辺の出来事を思いだしてイヤ」かのどれかが原因です。お母さんが検証して、思いつくものから対処を考えていきますが、そのとき、子どもの気持ち、「寂しい」とか、「怖い」などの感情を見落としてはいけません。

人は、自分の行為で得た結果が「心地よい」ほど、その行動を強化させていきます。イヤなものを乗り越えてがんばった結果、お母さんも先生も「ホメてくれる」というのは、心地よい結果を残します。子どもは、いつでも何才になっても親にホメられたいものなのです。

こうちゃんとおかんの

その後

母子関係を作る大切さを感じるきっかけになった

やはりこの年の夏は、おかんと離れたことをかなり引きずったようで……最初は、おかんと一緒に誰もいないプールの周囲を走りまわったりすることからはじまり、そのうち少し足をプールにつっこんで、おかんとスタッフが、「よくがんばったね」と声をかけるという状況でした。

しかし、次の年の夏はプールを待ちきれない様子で、準備している時からそわそわしている感じでした。プールの遊び方も、プールの人の密集加減が落ち着かないのか、ときどきビニールプールにお友達と入ることはできるけど、ほぼ水質検査のごとく、プールの水を拝借してペットボトルに移しては別のバケツに入れての作業をくり返すこうちゃんでした。

正直、母子分離したことが原因とわかり、「えっ私のせい？ お母さんもたまには休みもらいたいよ、勘弁してよって」思いました。

先生のアドバイスで、母を求めているいい兆候が出ているということで、おかんなりに母子分離はやや慎重になりました。

結局、5月に入園してから12月まで週1回の定期の母子分離の他は、ほぼ母子通園してがんばりました。

このプールの一件は、母子関係を作る大切さ、検証の大切さを感じるきっかけになる出来事でした。

その後の療育ポイント

「がんばってみたらホメられた」をくり返して

●イヤな出来事の記憶を塗りかえる

こうちゃんの気持ちに視点をあてたことで、解決の糸口が見つけられました。ここで気持ちに気づいてあげられなければ、ずっとプールには入れなかったかもしれません。それは、イヤな感情も解消されず、耐えるための心の支えもないからです。

「イヤな気持ちなどすぐ忘れるでしょう」と思うかもしれませんが、自閉症スペクトラムの子どもたちは、状況を明解に記憶していて忘れることができません。イヤだった出来事やイヤなことを乗り越えるためには、心の支えを頼りにしながら、「記憶を塗りかえられる支援」が必要なのです。

こうちゃんの場合は、「母子分離でイヤだったけど、お母さんが大丈夫だって言うから、イヤな気持ちをがまんしてプールに入れるようにがんばってみたら、お母さんも先生たちもホメてくれた」、「がんばるとホメてくれてとても気持ちがいいな」、という記憶に塗りかえられれば、少しずつプールへの拒否感は薄らいでいきます。「あの時はイヤだったけど、まあいいや」という感じです。

●甘えられる子どもは素直に人を受け入れる

子どもが甘えられるようになると、知的能力や様々な能力が向上するということがわかってきています。基本的に甘えられないと人との関係はうまくいきません。甘えが育つと、ようやく人間関係が築けるようになり、ようやく人から学べるようになるのです。

実際に私の教室でも、素直に甘えられるようになった子どもは素直に人を受け入れられるようになり、知的能力や社会性などが向上しています。

母と子の関係

6

お母さんの心の余裕

●常に見張っているのは心身共に疲れる

おかんの相談

こうちゃん4才0カ月

最近、家の中での遊びも集中せず親を困らせます。マンションの廊下をパーっと走っていくことがあり……どうやらよそのお宅のドアノブをガタガタ動かして遊んでいたようです。また、下の階から大きな声で苦情を言われました。ベランダから水鉄砲で水を下にたらしていたようです。

とにかく、常に見張っていないと何をしでかすかわからない状態で、本当に心身共に疲れます。

「どうしたらいいの？」アドバイス

休日に預けて親も休息を

親ごさんは、常に子どもの行動に振りまわされています。とくに自閉症スペクトラムの子どもたちの子育てには、悩まされつづける日々でしょう。

しかしこれは、「甘える」といういい兆候が出てきていることでもあるので、悩むところではありますが、子どもは親の心の余裕に非常に敏感です。今は、とにかくご両親共に少しこうちゃんと離れる時間をもって、休むことを優先しましょう。

園での母子分離の日は、「お母さんの休息の日」と割り切ってとってください。そしてお父さんにも、休息の時間がもてるようにしてください。

土日でこうちゃんを預けられるところはありますか？　以前利用したことのある託児所などがあれば、さらに顔なじみのスタッフさんがいれば、いくらかは泣くかもしれませんが、比較的混乱せずに過ごすことができると思います。

子どもの気持ち

なんかおかん、疲れててイヤ

●一緒にいるときは余裕をもって接して

一緒にいてあげるということも確かに大事ですが、心の余裕も大切です。親ごさんに心の余裕がないと、子どももそれを察知し、さらに問題行動を起こすことが多いからです。そして、さらに親ごさんの心の余裕はなくなり、悪循環が起こってしまいます。

一緒にいる時には、誰しも余裕をもって接してほしいですよね、それは子どもも同じなのです。

ポイント

心の余裕がもてないときの

- 居場所を作る
- 社会資源を使って休息

自閉症スペクトラム児の親ごさんの場合、「居場所がない」、「誰にも相談できない」という気持ちがあることがあります。自閉症スペクトラム児の独特な感覚によって引き起こされる数々の問題行動によって、どうしていいかわからなくなってしまうのです。それは、常に親ごさんを疲れさせてしまいます。心の余裕をもてというほうが無理です。子どもと向き合うことに疲れたとき、「休憩」として、上手に様々な社会資源を利用することをおすすめします。利用するときに罪悪感を覚える必要はありません。「子どもと穏やかに向き合うための心の余裕を取り戻す休憩」と、考えればよいのです。休憩のあとは、子どもに何倍ものあたたかさを返してあげられるはずです。

こうちゃんとおかんの

その後

お父さんも限界だった……託児所に預けて休息

診断されてから1年目の夏は、本当に目が離せないわ、ご近所に迷惑かけるわ、室内のドアをガタガタしないように取っ手を外したり……そうすると親の私たちの出入りも面倒くさいことになるわで……もうイライラしっぱなしの状態でした。

私が休日に働いていた日、お父さんが少し居眠りをしている間に、こうちゃんが冷蔵庫から油を出して床にまき散らし、これにお父さんが怒り……お父さんが、「今日、怒ってしまった。こうちゃんに殺される」と言い出しました。これは以前、私が講演で聞いた、「発達障がいのある子どもをお父さんが怒ったら、子どもに殺された」という話をしたことがあって……これは、お父さんもかなり疲れていると感じました。

以前預けていた託児所なら1時間500円で、しかもこうちゃんがお気に入りの先生がまだ在職しているということだったので、お父さんの休息として託児所にお願いしました。最初はかなり泣いたようですが、お気に入りの先生に甘え、なんとか過ごせたようです。おかんは、プールの件で母子分離に慎重になっていましたが、園で母子分離と決められている日は、割り切ってとるようにしました。

マンションの下の階の方には、苦情を言われた当日、仕事が終わってから早速菓子折りをもってお詫びに伺いました。しかし、「もうこれから気をつけてもらえばいいから」と、菓子折りは受け取ってもらえず、その菓子折りを食べる気にもなれず、何か世の中のお役にたてればと、園のバザーの商品として出しました。

家の中の改善としては、全部のドアの上に鍵をつけました。これで鍵さえ閉めておけば自分たちがいる範囲でこうちゃんを観察することができるので、以前よりラクになりましたが、成長と共に運動機能も発達し、目的のためなら知恵も使いで、今でもリビングにはいろいろな物を置けない状態です。

その後の療育ポイント

心身共に穏やかになるように

●お母さんがほっと一息つける場所の確保を

中野おかんさんが、日ごろからとてもがんばっているのは見ていて本当によくわかっていました。常に何かに奔走し、まわりに迷惑をかけないように気を使っています。しかし、それがずっとでは疲れてしまいます。

母子というのは、多くの時間を一緒に過ごします。その間、お母さんの心の余裕が子どもへの対応に影響してくるのは想像がつくと思います。実際に心の余裕がなくなると、子どもは行動が荒れてきて、さらにお母さんは心の余裕をなくし、そしてまた子どもは荒れるという悪循環を起こします。

ですから、こうちゃんを安心して預けられて、お母さんがほっと一息つける場所の確保が必要でした。託児所だったら、こうちゃんも慣れていて安心なので、思い切って預けられてよかったと思います。

●預けっぱなしはおすすめしません

私は、お母さんの心の余裕が保てるように、少しでも穏やかに子どもと接することができるように、保育所や託児所、デイサービスを利用するのはよいことだと思います。ただし、あまり接する気持ちがないからといって、預けっぱなしになるのはおすすめしません。

子どもと向き合わないと、子どもとの心の交流は生まれません。心の交流が、子どものことばや社会性を成長させるのです。

3章

特性への対応

自閉症スペクトラムの子どもたちは、遅いかもしれません、独特かもしれません、でも、私の経験上、どんな子どもも発達していきます。説明をていねいに、予告をていねいにすることで、できるようになることはかなり多いです。あきらめる前に、子どもが発達することを信じて、できるところまで挑戦してみてください。ここで大切なのは、「安心・安全」と「子どもの気持ちの理解」です。

この章では、自閉症スペクトラムの子どもの特性によくある「どうしたらいいの？」の相談に、子どもを理解し、受け止め、そのうえで支援していく方法をお答えしていきます。

特性への対応

7

問題行動

●反すうを怒るとよろこぶ

おかんの相談

こうちゃん5才6カ月

いったん食べた物を逆流させ、食べ物を口に含んで遊んでいるときがあり、「あっ」とびっくりしてしまいます。はじめのころは、口から酸っぱい臭いがしていて「病気かな？」と思っていました。しかし、園のスタッフさんから「自閉傾向の子は、反すうをする子もいる」と聞きびっくりしました。ストレスが溜まっているときにしているというより、遊び感覚でしているような気がします。

「どうしたらいいの？」アドバイス

たんたんとした対応を

子どもには、まだ身体が未熟な部分があり、胃の噴門部が完全ではないので、大人がむずかしいことでもできてしまうことがあります。反すうは、自閉症スペクトラムの子どもがわりとよくする行動です。よくするからといって放っておくと、食道炎などの病気になる可能性もあるし、汚いイメージでもあるし、社会に出た時にも困ります。

反すうしている度に、トイレに連れて行き吐かせてください。そして、うがいをさせるなどの過程を増やして、「反すうをすると面倒くさいことになる」状況を作ってください。また、「あ、やった」などと大げさに反応してしまうと、その反応が楽しくなる可能性も大きいので、あまり反応せずにたんたんと処理を教えてあげることが大切です。

反すうの回数が減らない場合は、病気の可能性も否定できませんが、遊び感覚でやっていることもあります。つまらないときや怒りの訴えの可能性もあります。

みんなが反応する

笑っているのはわからないから

自閉症スペクトラムの子どもたちは、人の感情を読むのが苦手なため、どうしてもインパクトのある反応を面白いと感じてしまいます。怒られているのに笑ってしまうのは、わざとではなくわからないからというだけです。

対応のコツは、落ち着いて「やったね。そっか、やりたかったのね。でも、なんでそれをやったんだろう?」というような思考をもつことです。教えたいときには、ひと呼吸をおいてたんたんと教えることが大切です。

問題行動を発見したときの対応の

ポイント

● ひと呼吸おく

● なぜか？を考える

刺激と反応の間には、選択の余地があります。つまり、刺激（子どもが何かした）による反応（何やってるの！）の間に、どう反応するかを選択する余地があるということです。それは、刺激を受けてからの解釈によって変わってきます。

このことを心にとめて、子どもが何かしてもひと呼吸おいて、「なぜその行動をしたのかな？」と考えてみてください。子どもたちの感覚に寄り添うと見えてくるものがあります。「〇〇だからかもしれない」と見えてきたら、対応もおのずと変わってきます。

しかし、だからといって怒りの感情をあまりに抑えていると、感情の交流ができなくなります。時には、怒りの感情を表すのもやりとりのうちです。

こうちゃんとおかんの

その後

「こうちゃん口臭い！」とかわいそうだけど言ったりして

反すうを、どんなときにしているか検証してみました。観察していると、口にいっぱい食物を入れるくせがあり、かき込むような食べ方です。あと、針の先生に、「お腹にガスがたまっている」と言われたことがあり……毎日便は出ているのに……時どき夜中に起きて私の手を自分の鼻にもっていき、「なんとかして～」みたいな行動をするときがありました。鼻閉も少しあり、口呼吸になっています。

いろいろな要因でゲップが出やすい状況で、ゲップと一緒に出てきたものを遊びの材料にしている、そんな感じでした。

食事のときは、少しずつ口に入れるようにして、いっぱい入れそうなときは、声をかけたりしました。

あと、先生のアドバイスのように「あっ」などは言わず「はい、トイレで吐くよ」とたんたんと声をかけ「うがいしまーす」と洗面所に行き、時どきうがい薬を入れてみました。しかし、うがい薬はイヤがる様子もなく、かえって興味をもってしまった感じだったので数回でやめました。

療育手帳の更新で児童相談所へ行くことがあり、この時はかなり反すうをくり返していました。このころから、ストレスに対しても時どき反すうをすることがありました。

しかし、時間を持て余している時や食後にしていることが多く、先生のアドバイスをくり返し、時々、「こうちゃん口臭い！ 口臭い人と一緒に寝たくありません」と、かわいそうだけど言ったりしていくうちに、反すう回数も少なくなりました。

1カ月後には、園では昼食後の1回位、家でも朝食後、出かけるまでの2回位と夕食後の1回位になりました。

その後の 療育 ポイント

対応は感情に触れながら

●関係のない行動は罰にしかならない

こうちゃんの場合、お母さんが反すうの時に、素直にこうちゃんに「口臭い」「イヤだ」と伝えたことと、反すうしたら面倒くさい行動、吐き出してうがいすることが効果的だったと思います。

面倒くさいと感じる行動を取り入れるときは、行動にまったく関係ないものは避けます。せっかくなら、その問題への対処方法を一緒に教えた方がいいからです。そして、関係ないことは子どもにとって罰にしか感じられないからです。

●人間としてあたりまえの対応を子どもにも

診断初期に、「怒っちゃいけません」と言われたことがあるかもしれませんが、私は、「怒っている」という感情を伝えることは、大切だと思っています。怒っていることを伝えるのは、感情の交流の機会となり感情のやりとりの練習となる、必要なことだと考えています。

しかし、人間として好ましくない、「これを言ったら傷つくだろうな」というような、ただ感情的に怒っていいというわけではありません。人間としてあたり前の対応を、子どもにもしていけばいいのだと思います。

「この子は感情わからないし」、「この子には怒っちゃいけないし」という配慮は、子どもとの距離を広げてしまうように思えてなりません。それよりも、感情は冷静に穏やかに伝え、「わかってもらうこと」が必要だと思います。

感情に触れなければ、子どもは感情を学べないのです。

特性への対応

8 汚す

●突然、変なこだわり行動が出る

おかんの相談

こうちゃん5才3カ月

最近、お茶を口に含んでためることをよくします。家でもお風呂のお湯を口に含んでプーと吹きだしてみたり、食事のあと、お茶を飲んで最後の一口は口に含んだまま部屋の中をウロウロします。園では、お茶を口に含んで、その場でプーと吹いてしまうことが度々あるようです。

今飲みたくないからそうするのか？　場所が落ち着かないからそうするのか？　園のスタッフも悩んでいました。

「どうしたらいいの?」アドバイス

面倒くさい行為にする

こだわりというよりは、おそらくマイブームなのでしょう。

家での基本として、お茶を飲む前、食事をする前に、「最後までゴックンするよ」と声をかけてからお茶を飲んだり、食事をしたりしてください。そして最後までゴックンできたらホメましょう。

最初は、無理やり座らせてゴックンする場面になるかもしれませんが、それでもできたことにしてホメましょう。

そして、「口から水を出さないほうがいい」ということを教えるために、大変ですが、たんたんと本人と一緒に拭いていってください。乾拭きも入れるなどして、「吹いたらキレイにしなければいけない」ようにしてください。もちろん、「拭けたらホメる」も忘れずにくり返してください。

子どもの気持ち

なんかあ、やりたいだけ

●こだわりといえるかどうかは不明

問題行動が突然にはじまった場合、よく「こだわり」として対処されることがあると思います。確かに何らかの意味は必ずありますが、「こだわり」といえるものかどうかは不明です。一時のブームかもしれません。

その行動にこだわって、強制的に治そうとして、叱ったり罰を与えたり過敏に反応すると、その反応を面白がったりその行為に安心を求めてしまい、その行為を手放せなくなることがあります。

子どもが汚すことへの対応

ポイント

● 対処法を面倒くさいことに

● 意味をとらえる

汚すという問題行動を起こしたとき、後始末が面倒くさいことを利用して、行動を少なくすることが効果的です。どうしても問題行動を消すことだけに目がいきがちですが、汚した場合には、「汚したら拭く」という行動を身につけることが大切です。これは、「汚したらキレイにする」という社会的習慣にもなります。「汚したら面倒くさいことをやらされる」ということになると、故意に汚すということが減ってくると思います。そして、「まず教える、そしてホメる」をここでも心がけてください。

また、問題行動の意味には、「甘えたい」、「かまってほしい」という訴えがあることも多いです。問題行動で表そうとしている意味をとらえることも大切です。

こうちゃんとおかんの

その後

目先の問題行動についい目がいきがちで……

お茶を口に含んでウロウロするのは、行儀が悪いのはわかっていたのですが……しかし、園のスタッフさんから、お茶を口から吐いていると聞いて、「なに～また問題を起こしよったなあ～、家ならまだしも公的な場所で問題を起こすな！」という怒りに似た感情と、またおかんに、「こうちゃん改善プログラム」のプレッシャーがのしかかる感じでした。

園では、水筒の形を変えてくださったり、こうちゃんの大好きな新幹線が見えにくい場所で飲むなどの工夫をしてもらいましたが、やはりマイブームなのか、口に含んでプーと吹きたいモード全開でした。そして、こうちゃんに拭くのをやらせてはみたものの、ぞうきんを取りに行ったり拭くこと自体も遊び感覚で、そんなに苦になっていない感じがあったようです。そこで、拭くハンカチを別に用意して、本人のポケットに常に入れておいてすぐ拭けるようにしました。吐いたものをすぐその場でハンカチを出して拭かされる行為がつまらなく感じたのか、マイブームがさったのか、園ではお茶をその場で吐くことはなくなりました。

家では、先生にアドバイスをもらって、「食事前に最後まで座ってゴックンするよ」と言い、できたらホメるをくり返すと、以前より口に含んだままウロウロすることは減りました。口に含んだまま席を離れるのを見つけたら、「戻ってゴックンするよ」と声をかけると、大きく口を開けて「何もないよー」的なポーズをおかんに見せてお知らせし、こうちゃんも一生懸命知恵を使っておかんと闘っている感じで、かわいく思えます。甘いかもしれませんが、これでマルとしました。

しかし最近また、落ち着かなくなってモグモグしながら席を離れることが多くなってきて、先生のアドバイスを忘れていたり、ホメることが抜けていたりということもあるなあと、反省しているところです。「継続は力なり」です。

その後の療育ポイント

やったことより、やったあと

●道筋をわかりやすくする

こうちゃんの場合、口から吐くことの意味はなんとなくわかったものの、原因をさがし当てることはできませんでした。しかし、どんな意味があるにせよ、吐いたあとには汚したわけですから、「拭く」のは当たり前です。そして、叱るのではなくおどすわけでもないので、インパクトも強くなく、自然と身につきやめる方向に導くことができました。ここでさらに、「吐くと面倒くさいよね～汚したら拭くんだもんね～」と声かけをするとより効果的です。

そして、拭かせたとしても、自分で拭けたとしても、実行しようとしただけでも、「すごいね！ ありがとうね！」とホメることを忘れないでください。彼らは、常にやりたいことやがまんすることと闘っていて、その折り合いがうまくいかないのです。ですから、少しでも折り合いがつけやすくなるように、お母さんが声かけをして、「ホメて道筋をわかりやすくする」ことが大切です。ホメられれば、どちらが正しいのかよくわかります。

●やってしまったこと、行為にこだわらない

ここでのポイントは、やってしまったこと、その行為にこだわるのではなく、その行為のあとの「当たり前に行うべきこと」に注目します。

やったことは、何か意味があってやっているので仕方がありません。でもそのあとは、これを行うのがルールだと教えていくことが大切です。

もし行為の訴える意味がわかる場合は、その訴える意味に合った行動を教えてあげてください。こだわりを消すときの方法でもありますが、代わりの方法を教えてあげることはとても大切です。

特性への対応 9

こだわり

●いつでもどこでも水に執着する

おかんの相談　こうちゃん3才9カ月

公園に行っても、遊んでいる途中で水洗い場へ行って水を出してしまいます。手を洗う目的ではありません。しかも、水を長時間触っています。家でも洗面所やトイレ、お風呂で水を出して遊んでいます。リビングでもテーブルをよじ登りキッチンの水道をいじります。常に見張っておかないと、水が目的なら何をするかわからない状況です。

今に、水道代が家計を圧迫するのではないかと心配です。

「どうしたらいいの？」アドバイス

限度を決めてホメる

基本的に子どもは水が大好きです。水道を見ると触りたくなるのは、仕方がないことなのかもしれません。

しかし、あまり長いようなら「10数えたらやめるよ」と声をかけるなどして、めどをもたせてあげると良いです。そしてもちろん、できたらホメます。少し躊躇した様子が見えただけでもホメてください。躊躇したのは、少しはダメだったことを思い出して、やめようという気持ちがあったからです。10秒数えるのと、躊躇したらホメるをくり返してください。

こうちゃんの場合は、「水を触ることで安心を得ている」のかもしれないということも頭におきながら、一切を禁止してしまうのではなく、少しだけ触りたい気持ちを満たし、同時に無駄づかいをしないことを教えることが有効です。

子どもの気持ち
安心するの

様々な理由がある

自閉症スペクトラムの子どもたちは、水が大好きな子が多いように思います。

理由は様々あるのだと思います。水の感覚を楽しむこともあるし、自己刺激と同じ感覚で、「今」、「自分」を感じているのかもしれません。水道から出る水の形が、「変わらない」ことに「安心している」のかもしれません。

こだわりには、それぞれの理由に対して細やかな対応が必要になってきます。

こだわっているときの対応

ポイント

- 無理に行動を消さない
- 代替え案を提示する

理由が何にしろ、何かにこだわっているときには、無理やりにその行動を「消す」とか「奪おう」と思わないでください。強要すればするほど、逆にその行動にこだわる可能性があります。誰でも好きなことや安心のためにしていることを、無理にやめさせられたら余計にやりたくなるものです。少しだけ満たしたり、代替案を提示することで、気持ちを満たしてあげることが必要です。

今を感じたり、安心のためにしていることが明らかな場合には、それを取り上げたとたんにパニックなどのかなり強い反応が返ってくることがあるので、特に慎重になる必要があります。そしてそれが、表現方法のひとつになってしまうのです。

こうちゃんとおかんの その後

お風呂や洗面以外では水いじりがなくなった

おかんは、主婦であるし、パートでの仕事量も減っているので、水道代も非常に気になります。なので、こうちゃんを水道から離すことに、おかん自身がこだわっていたかもしれません。

家のマンションの台所は、対面式キッチンです。おかんの目を盗み、テーブルによじ登り、水道をいじり、水を出して喜んだりして、流しの周囲を水びたしに……。公園に行くと、水飲み用の水道を思い切りだして高く水が上がり、近くにいる他の子どもに苦情を言われたことも……。こうちゃんに、「テーブルの上は登らない」、「水びたしにしたら自分で拭いてもらう」、外では、「人に迷惑をかけたら公園は終わり」ということを言い聞かせ、そういうことはほとんどしなくなりました。

また、10～0までゆっくりカウントし、0は、「ゼ～～ロ」と伸ばして、これが最後的なメッセージをこめて声かけをしました。でも、水遊びに夢中のときはその声も入らず、まだつづけているときもありました。そのときは、一緒に手をとり「ゼ～～ロ」と言ったあと、水道の蛇口を一緒に閉めて、とりあえず本人が水遊びを終えることができた状況を無理やり作り、「終わることができたね～えらいね～」とホメたり、「10数えて水やめたら新幹線見に行きます」と声をかけたりすると、自ら蛇口を閉め、次の動作に移ることができました。

だんだん季節も夏になり、園で水遊びの時間も増え、「もうどうしても水を触ってないとダメ」な状態はなくなり、「水遊びを思い切りしてよい」というメリハリがついてきて、水に対しての困りごともなくなっていきました。

今でも水が好きなので、外では放っておくといくらでも触っていますが、10数えるといちおう水から手を離し、やめるようになっています。家でもお風呂や洗面の時の水いじり以外は、以前に比べるとしなくなりました。

その後の療育ポイント

こだわりを上手にコントロール

●子ども自身で切りかえを

自閉症スペクトラムの子どもたちは、水が大好き、外が大好きなど、好きなことや安心しているものからなかなか離れられず、やめられないというところがあります。そのこだわりや行動があったとき、子ども自身で行動を上手にコントロールする助けとなるのが、「カウンティング」と「代替え」です。

カウンティングは、その名の通り数を数えることです。離れられないものがあったときに、10から数えはじめて0までにそのものから離れられたら、おもいっきりホメる、離れられなかったら連れてきてホメるというものです。10秒でも、

5秒でも3秒でもいいのですが、慣れるまでは長めの設定にします。短いカウント設定だと、なかなか離れられないときに、子どもが「できなかった」と、自信を失いやすくそになるからです。カウンティングをはじめることで、子ども自身が、「自分で切りかえられる」という自信をつけさせることが大切です。

●欲求のコントロールを身につける

育児のコツは、①「少しだけ満たしてから、徐々に欲求のコントロールを教える」、②「欲求を満たす他の方法を教えて、欲求のコントロールを教える」のふたつです。具体的には、

①少しだけやらせて、だんだん時間を短くする。やめられたらホメる。

②がまんできるように代替案を示す。それで満たせるようにしてホメる。

そして叱るのではなく、ホメながら好ましいコントロールの方法を教えていくことが大切です。

特性への対応

10

拒否する

● ある場所に突然行けなくなる

おかんの相談

こうちゃん4才8カ月

春になると、園では近くの公園で遊ぶというプログラムがあります。しかし、昨年の秋ごろから突然その公園に入ることをイヤがります。そのうち気分も変わって入れるかなと、春に向けて公園の近くを通って様子をみていますが、わ〜わ〜泣いて、公園に入っていないのに大騒ぎです。

結局、何が原因でそうなっているのか不明ですが、イヤがる所へは無理に行かせせない方がよいのでしょうか？

「どうしたらいいの?」アドバイス

安全で安心を伝える

何が原因かわかりませんが、恐いことやイヤなことがあったのかもしれません。そのような場合、お母さんが「この公園は安全で安心だ」ということを、わからせてあげる必要があります。

お母さんが、「恐い人いないよ。また一緒に公園で遊ぼうね!」、「大丈夫だよ、安全だよ」と声をかけながら公園の入口に毎日少しずつ近づき、公園の方に顔を向けただけでもホメてあげてください。そして、近づく距離をだんだん縮めていき、近づいていく度にホメてあげてください。だんだん近づけるようになっていきます。

また、今のこうちゃんならお母さんを信頼していますから、思いきって公園に入っても大丈夫だと思います。最初は泣くかもしれませんが、公園のいろんな所を周りながら、「恐い人いないね?」と、こうちゃんと確認してみてください。意外と大丈夫かもしれません。

子どもの気持ち

かなり些細なことなんだけど……

●何となく感じられる子どもの気持ちに注目

突然イヤがるようになった場合、本人にしてみれば原因があるのかもしれませんが、それは些細なことの場合も多く、こちらにはわからないことも多いです。そんなときには、何となくでも感じられる子どもの気持ちに注目します。

「もしかして、こんな気持ちだった？」「もしかして、こんなことを考えたから？」という読み取りが非常に大事です。それをとっかかりにして、支援を考えていきます。

子どもの拒否への対応

ポイント
- 安心、安全を伝える
- 少しずつ進める

子どもがイヤがる場合は、何かがあってイヤがっているのです。それが恐いことなのか、イヤなものがあるのかはわかりません。しかし、恐いにしてもイヤにしても、「お母さんが大丈夫と言えば大丈夫だ」と感じてもらえれば、解決していくことがあります。そのためには、少しずつ進めることが大切です。そして、子どもの「イヤだ」という気持ちをことばにしてフィードバックしつつ、「でも大丈夫だよ、こうしてほしいな」と、好ましい方法を教えていきます。このことは、イヤがるものや新しいことをできるようにするときに共通しています。

そして、強制的になったり、あまりに子どもにとって脅威になった時点で失敗します。とはいえ、失敗してもあきらめずに再チャレンジはできます。

こうちゃんとおかんのその後

親の成功体験がこうちゃんと生きていく励みになった

とりあえず、昨年秋ごろ何があったのか？ 特に園の情報では、公園に関連した気になった情報はなく……ということは、おかんとこの公園へ遊びに来た時に何かあったか？ を思い出したら……もしかしたら……砂場でこうちゃんが同じ歳くらいの男の子と一緒に遊んでいたら、お母さんらしい人が、「勝手にみんなの所から離れたらあかんやろ！本当にもう探したで！」と怒った口調で言う場面がありました。でもこの時こうちゃんは、特に泣くこともなく関心ないような感じで、マイペースで遊んでいたけど……とあれこれ考えるがわからず。

最初は、公園の入口門より少し距離が離れた場所で止まり、声かけをしました。

泣いてはいたけど、だんだん泣きやみじっと離れた場所から公園を見るようになりました。距離を縮めていっても泣かなくなり、声かけをくり返していくと、そのうち声かけをしなくても公園をのぞき込むような仕草が見られ、自分から気にするようになりました。

相談してから1カ月くらいして、思いきって公園の中に入りました。最初は泣いていましたが、入ったことをホメて公園の中を2人で安全な所だということを確認していきました。1週間後には、自ら自転車から降り、滑り台などの遊具で遊ぶようになりました。園のスタッフのみなさんは、春になりすんなり公園に入るこうちゃんを見てビックリ状態で、「お母さん何した?」と聞かれました。

先生の見事なアドバイスで成功したのですが、自分がすごいことをしたかのような、ちょっとした専門家になったような気分でした。とにかく先生が言ったような筋書にどんどんこうちゃんがなっていくので気持ちいいというか、面白いというか、子どもだけでなく、親の成功体験もこうちゃんと共に生きていく中で励みになるなあと感じた、象徴的な出来事でした。

その後の
療育
ポイント

子どもに「やればできる!」経験を

●子どもとの関係作りが先決

こうちゃんは、思い切って公園に入って成功していますが、これはこうちゃんがお母さんに甘えられるようになり、関係ができているからこそ成功したのだと思います。まだ甘え下手で関係ができていないときには、少しずつ少しずつ焦らずに近づき、「この人は無理強いをしない安心な人」と、子どもに思ってもらう関係作りが先決です。そのかかわりによって、子どもが信頼して甘えてくれるようになります。関係ができたあとには、少しくらいの強い刺激があっても大丈夫になっています。まずは強行突破はせずに、少しずつからはじめ、子どもにとっての安心を大事にしてください。

●子どもは親の喜ぶ顔が見たくてがんばるもの

お母さんが、「イヤだと思っている気持ちをわかっている」と子どもに伝えながら、少しずつ少しずつ近づいて、「お母さんが応援しているからついているから一緒にがんばろう」という姿勢でいどみます。

きっと子どもは、少し近づくだけでも苦痛ですから、少しでも耐えられたらそのことを強調して、「耐えられてすごい」とホメつづけていくのがコツです。これは、子どものなかの自信にもつながっていきます。「やればできる！」と思える、ひとつの経験になっていくことでしょう。

失敗してしまったときは、まずはひたすらあやまりしばらく近づかない。そして、しばらくたったあとにチャレンジを再開します。1日置けば大丈夫な子もいれば、1週間で、1カ月で大丈夫な子もいます。たまに試してみてください。

実際に近づけなくても、「やってみる姿勢」を見せただけでも喜びましょう。必ず明るい道が開けます。子どもは親の喜ぶ顔のためにがんばりたいものなのです。

特性への対応

11 パターン行動

●なかなか目的地に着けない

おかんの相談 こうちゃん5才6カ月

通園の時、自転車で行くと土手の下の砂利道まで行く、園に着いたら自転車を降りてすぐに駐車場の砂利を触りに行くので、なかなか門に入らず状態です。駐車場の砂利には特に執着していて、「10数えたらやめます」と声をかけてもなかなかやめず……歩き通園のほうが、砂利を触る時間が短くすんなり門に入ってくれるのですが、歩くのが楽しそうで、パターン行動の一部に加わっている感じです。

「どうしたらいいの?」アドバイス

見通しをもたせる

通園中、いろいろなところを触るのは仕方がないことだともいえます。全部をなくそうとするのはかなりむずかしいので、危険なことや、お母さんたちにストレスがかかるものを優先して減らしていきましょう。

最初は大泣きして受け入れられないと思いますが、無理やりに門の中に入って、「がんばってできた」とホメてください。それをくり返していくと、だんだん受け入れられるようになってきます。

危険な場所や触ってほしくないところは、家に出る前と園に着いてから写真などの視覚支援で説明して、見通しをもたせます。

また、感覚グッズを使うことも有効です。本人の好きな石を袋に入れて持ち歩き、落ち着かないときや砂利を触りたくなりそうなときに試してみてください。

子どもの気持ち

不安だから安心したいの

●見通しがつかないことはストレスに

見通しがつかないことは、子どもにとって非常にストレスになっているようです。何かにこだわっている場合や不安がっているときには、「見通しがなくて不安かもしれない」という視点が大切になります。

自閉症スペクトラムの子どもたちが同じ行動をしはじめると、「パターン化した」としてあきらめることがあります。しかし、怖くて不安だから同じ行動をしたいのであって、安心が得られればパターン化しないでいられるのです。

子どものパターン行動への対応

ポイント

● 見通しをもたせる

● 怖さを少なくする

パターン行動を少なくしていくには、視覚支援、感覚グッズが有効です。視覚支援は、予定などを絵や写真にして示すだけでもかなり効果はありますが、さらに予告として「変わるかもしれないよ、変わったらゴメンね」と、変わる可能性も伝えておくと臨機応変さも身につけることができます。また、視覚支援は見せつづけるのではなく、わかってきたなと思ったら枚数を減らしたり、ことばだけにして、あまり見せないようにしていきます。すると、徐々にことばだけで予告などに応じられるようになっていきます。

感覚グッズは、持っていて触っていて心地よいものを用意します。新しいことに不安で怖くても、安心できるものを手にすることで物事に対処できるようにするためです。

こうちゃんとおかんのその後

阻止されたことをそんなに引きずることもなく

視覚支援は、家を出る前と園に着いてからやりました。やはり最初は大泣きで、無理やり砂利を触らせずに門に入れると、門にへばりついてどうにかして外に出て触りに行きたいという感じで、親子で半分レスリング状態です。園のあるお母さんには、「そこまでせんといかんの？」という意見もありました。感覚グッズは、目の前にある砂利や石の魅力には勝てず、あまり効果がありませんでした。

しかし、おかんは負けず……視覚支援しながら、自転車に乗ったら勝手に歌を作り「こうちゃんは～自転車降りたらシュッと入る～シュッと入る～」とくり返しくり返し歌いながら自転車をこぎました。これでだんだん泣く時間も短くなり、1カ月位したら駐車場の方向を気にすることも少なくなり、すんなり門に入ることができました。

これに調子に乗ったおかんは、ほぼ2年近くお付き合いしていて、「いい加減にして〜」と思っていたマンションの自転車置き場から玄関に入るパターン化した行動にも試してみようと挑戦しました。おかんの名曲、「自転車降りたらシュッと入る」を呪文のように自転車に乗っている間ずっと歌うと、見事に効果あり！ あんなに苦労していたパターン化した行動をしなくなったのです。

パターン化した行動は、自閉くんたちを育てていくうえでストレスが溜まりやすくも、阻止したときの影響を気にしたり、外出先での大泣きからはじまる小パニック、中パニックの大変さだったり、いろいろ考えて後回しになりがちでした。しかし、パターン化行動がどんどん多くなってくる、こうちゃんの体力も増してくる、「この状況を何とかしなくては……」と思っているところに、改善するいいきっかけになりました。こうちゃんは、おかんが思っているほど、意外に阻止されたことに対してそんなに引きずっていることもないようです。

その後の
療育
ポイント

ストーリーで見通しを

●お母さんの歌の発想が素敵

これは、お母さんの機転がこだわり行動に勝利した事例です。歌にしてみるという発想はとても素敵です。また、短い文章なのでとてもわかりやすかったのだと思います。こうちゃんは、まだことばがありませんし、覚えていられる記憶の数も多くありません。短い文章でくり返し言われることがわかりやすく、安心できたのでしょう。

このことから、砂利も一種の安心材料だったことがわかりました。砂利ではなく、わかりやすい見通しが立てられて安心したので、砂利は必要なくなったのでしょう。

●人はストーリーに促されて生きている

歌にしてくり返すというのは、ストーリーをよりわかりやすく伝える支援と同じことになります。「こういうとき、このようにします」というのを物語風に語ることで、本人の行動のルールにするという支援方法です。ノートや本のようにして示すのが一般的です。

人は、ストーリーに促されて生きていたりします。ピンとこないかもしれませんが、「私は女性である」というストーリーに促されて、「女性らしくしなくちゃ」と感じ、そのように振る舞ってしまうということです。また、「きっとうまくいく」と思っていれば、その案件はうまくいったりします。これは、スポーツの分野ではイメージトレーニングなどと言われているものです。

ですから、どうするかというイメージを作ることで、そのように動きやすくなるわけです。

特性への対応

12 トイレトレーニング

●冷静に対応できない不潔行為

おかんの相談

こうちゃん5才2カ月

先週、不潔行為がありました。プラレールを熱心にしている間に触ったようです。私が食器を洗っていると、便が付いた手を流しにもってきて、水で流そうとしたのか？私にアピールしにきたのか？……プラレールのレールは便汚染、畳も便汚染、頭には触るし……「もう～！やめて！」と大きな声で怒ってしまいました。私自身やはり冷静でいられず、怒ったあと自分自身が凹む感じです。

感覚を覚えさせる

「どうしたらいいの?」アドバイス

不潔行為は、誰でも「カッ〜!」と頭にきます。「こんなことしたら、お母さん怒るよ」と、自分の感情を子どもに言ってもいいと思います。そのうえで、こうちゃんに正しい方向を示していきましょう。「災い転じて福となす」ではありませんが、困ったことがきっかけになって、次のステップの学びを促すということはあります。これを機会にトイレの自立につなげてしまいましょう。

今回は、遊びに熱中していたからオムツに便をしてしまって、気持ち悪い感覚から手がオムツに入ってしまったのでしょう。まずは、トイレですると気持ちいいという感覚を教えていくことが大切です。こうちゃんが、便をもよおす時間帯を気にしてよく観察して、お知らせの方法を教えながら、「トイレに行くよ」と誘い、トイレで便をする感覚を覚えさせてください。

子どもの気持ち

恐い・わからない・やりずらい

●心地よければトイレでする

排泄の問題は、誰にとっても気になる問題です。排泄がうまくいかない理由として、「トイレが恐い」、「排泄の感覚がまだ整っていない」、「トイレの環境が整っていない」の、3つが考えられます。

自閉症スペクトラムの子どもたちは、結果が好ましく、便利だったり心地よかったりすると、その行動を手に入れやすいです。気持ちよさを全面的にアピールすれば、スムーズにトイレトレーニングは進んでいきます。

子どものトイレへの対応

ポイント

- 排便しやすいトイレの工夫
- 声かけのタイミングが大事

排泄の感覚が整っていない場合には、感覚統合療法や体幹を育てる運動で感覚を育てることが必要です。そして、排泄の感覚をことばでフィードバックしながら、一致するような支援をします。トイレの環境は、両足で踏ん張れる足台を用意したり、子ども用便座を用意したり、冷たい便座なら温かくするなどの工夫が必要な場合があります。

これらを整えたあと、お知らせの指導をしていきます。お知らせも単純な方法がよいです。便がしたくなったらおかあさんの所へ来る、おしりをたたくポーズをするなどです。排泄したそうなときにタイミングよく、「こうしよう」と具体的に教えることが大切です。また、視覚支援を使うのも有効です。

こうちゃんとおかんのその後

トイレの自立につながるいいきっかけになった

不潔行為は、その状況を見ると情けないし、後片づけは大変だしで、ついつい大声で怒鳴ってしまいます。自閉くんたちは、大きい声も苦手だし……でも言ってしまう……こんな自分がすごくイヤになります。先生のことばを聞いて、「へぇ～怒っていいんだ」って思えて、少しラクになれた感じです。あと、園のスタッフの方にもぼやいたりして、「私も怒るよ、そんなことされたら」と、自分のお子さんの子育てエピソードも聞け、「へーぇみんなやっぱりお母ちゃんは怒るよね～毎日のいろんなことあるしね～」と、自閉くんのおかんである前に、こうちゃんのおかんである

と意識して、自閉くんであるから言ってもしょうがないと思わず、「困ることは、おかんが思っていることも織り交ぜながら言っちゃおう」って思えました。

そして、改善しないとまた同じようなことが起こり、お互いイヤな思いをするということで、便のトイレトレーニングをはじめました。トイレに台は置いていたけど、片方しか高さのあったものが用意されていなかったので、もう片方に用意してみました。あと、便が出そうなタイミングをよく観察してトイレの声かけをしました。本人もトイレでする気持ちよさを感じたようで、排尿も排便もトイレでできるようになり、しかもどこのトイレでもできるようになりました。

お知らせは、ズボンに手を突っ込みお知らせします。「わーわー」と言って、トイレにつながるドアに向かって立っていることもありますが、ズボンに手は突っ込んでいます。園では、ズボンに手を突っ込みながらトイレに走っていくようです。

この件は、お互いイヤな思いはしたけれど、トイレの自立と言う意味では、遅まきながらトイレトレーニングに取り組むいいきっかけになった出来事でした。おかげでオムツ代も減りました。

その後の療育ポイント

頭にくるのは仕方がないこと

●尿意の感覚を身につける

トイレトレーニングを成功させるときに重要なのは、もよおすパターンが決まっているかどうかです。パターンがない場合には、身体の面で整っていない可能性が高いです。パターンがある場合には、「この仕草があるともよおしている」というものをみつけ、その仕草をしたら、「おしっこしたいんだね」と、仕草と尿意や便意を結び付けて教えていきます。すると子どもは、「このしぐさや感覚が尿意なんだ」と、学ぶことができます。次にお知らせのポーズを教え、トイレに連れていきます。これをくり返すことで、徐々にトイレでできるようになってきます。もちろん、どの部分もできたらホメます。「教えてくれてありがとう」「トイレに行ってくれてありがとう」などです。

●親の感情を伝えることが、子どもの感情を育てる

母親だってなんだって、たとえどんな理想的な親だって、必ず頭にくるポイントはあります。それは仕方がないと思います。頭にくる部分があるといって自分を責めて落ちこまずに、「仕方がない」と受け入れてみてください。

イヤなものはイヤと子どもに伝えてもいいと思います。悲しいなら悲しい、怒っていたら怒っている、こうした感情を穏やかに子どもに伝えることは、子どもが人の感情を読み取るトレーニングとしても必要なことです。気持ちを抑え過ぎると、感情の交流ができなくなってしまいます。

しかし、ただひどく当り散らしてしまうと、子どもは、「感情コントロールをしないで当り散らしてもいいんだ」と、思ってしまうことになります。子どもは、何でも親から学びます。親も、感情のコントロールはある程度必要です。

特性への対応

13

体温調節

暑くなるとイライラして多動に

おかんの相談

こうちゃん5才2カ月

昨年の夏は放尿があり、今年も夏になると落ち着かず、家での動きが激しいです。食器棚のドアの開閉をしたり、押入れに入って布団を出したり、本棚から本を全部出してしまったり……最近、運動機能がアップしてきて体力においつかない感じです。正直、お父さんもおかんも、こうちゃんをみることに疲れています。自閉症の子だから、体温中枢がおかしくなっているのでしょうか？

「どうしたらいいの？」アドバイス

暑さ対策を教える

子どもは、一般的に外気の熱を受けやすいです。自閉症スペクトラムの子どもたちは、体温調節が苦手という報告も多く、暑さは大変苦手です。五感（触覚、視覚、聴覚、味覚、嗅覚）の発達の弱さから、暑さを感知していない可能性もありますが、苦しさを生理的に感じ、暑くても対処もできないことから荒れてしまう場合があります。

暑さは、クーラーやクーリングである程度対処することができます。クーリングは、わきの下や首などの動脈の上にアイスノンなどを当てて冷やす方法です。体を冷やすと落ちつくことが多いので、子どもが自分でできるように教えてあげると、自己コントロールにも役立ちます。

2章でもお話ししましたが、お父さん、お母さんの休息は大切です。心の余裕がないと子どもの行動が荒れて、子どもが荒れるとさらに親ごさんの心の余裕がなくなって、という悪循環を断ち切るために、たまには託児所などのサービスを利用してください。

暑くてなんかイヤー！

気温の変化に対応するのが苦手

自閉症スペクトラムの子どもたちは、気温や湿度、さらには気圧の変化にも敏感に反応してしまいます。そもそも変化に対応するのが苦手なので、身体は不調になります。なんとなく台風の前に体調が悪くなるのと同じ感じです。

子どもたちは、落ち着かなくなったり耐える力がなくなったり、いろいろな感覚が整わないままに、渦巻いて苦しんでいるのに感覚を表現する手段がわからなくて、荒れるという方法で訴えているのかもしれません。

子どもの体温調節への対応

ポイント

- コントロール方法を教える
- 総合的にみる

環境を整えることはもちろんですが、子ども自身に自分でコントロールする方法を教えることも大切です。自分のいる場所の環境調整、クーラーや扇風機を使う、日陰にいるなどと一緒に、自分の身体をいかに冷やすかという方法、氷枕を使う、冷やすシートを使う、水を飲むなどの方法を教えることも必要です。

そして、「総合的」にみることも大切です。暑さや湿度の問題だけではなく、気持ちの問題や、効果があるように思えなくて受け入れないということもあります。総合的にみてみようという視点をもって、子どもをみることも重要です。人間は複雑な生き物です。親子関係にも、気持ちを推し量ることは大切です。

こうちゃんとおかんのその後

夏は大人もイライラするしコミュニケーションが……

おかんは、看護師という職業柄ついつい生理解剖学的に考えるとわかりやすく……自閉症スペクトラムの子は脳機能障害だから体温中枢もおかしい、みたいな思考に固まり、一方的な見方になっていたかもしれません。

今から考えると、年少、年中の時期は、本人は甘えの成長発達段階で、甘えの表現がうまくできなくて落ち着かないことも、原因にあったと思います。

園ではクーラーはないので、脇にクーリングのグッズをはさんでみたりもしましたが、年長の年は嫌がってしまいませんでした。先生に、「たいした効果が本人に感じられないから、やりたがらないのかな?」、ということばにヒントをもらったような感じがしました。つまり、総合的にみていくということです。

それはそうですよね。人って複雑だからいろんなことがあって、何か起こるわけで……短絡的に「暑いから冷やせば、それだけで問題行動が減るわけではない」と実感しました。年長の年も猛暑でしたが、クーリングしていなくても年少、年中のときの夏に比べると目立った問題行動もなく、落ち着いていました。

今の日本の夏は、35度位あたり前で……これでは、親の方もイライラするし、自閉症児のおかんとしても、新米のころはこちらも落ち着つかない感じです。だから、親子のコミュニケーションが夏は一層うまくいかない……そんな気がします。

しかし、これを機会に土曜日に他の療育施設に通うようになり、そこもこうちゃんにとって安心な場所になりました。順番が待てたり、新しいプログラムを楽しんだり、いい効果がみられています。

お父さんのリフレッシュにもなり、父子関係もかなり作れてきて、おかんは、土日はいらない状態になっています。

その後の療育ポイント

身体の感覚を整えるには

● 感覚とことばを身につける

子どもの身体の感覚を整えるためには、２つの支援をおすすめします。ひとつは、感覚統合療法でおなじみの、皮膚に触れて遊ぶことです。いろいろな強さ、いろいろな手触りの身の回りにある様々なものを使って肌に触れさせ、その感覚をことばにして伝えます。最初は過敏に反応する場所を避け、背中や手のひらなど刺激に強い部分からはじめてください。拒否感が少なくはじめることができます。ポイントは、あくまで遊びで行うことです。訓練となると子どもは途端にイヤになります。

もうひとつは、ことばにして与えることです。ことばにして与えるときには、

「今は暖かいね」、「今は寒いね」など、こちらが感じている外気に対する感じ方を子どもに伝えていきます。これはどのようなことにも通じるのですが、感じたものや見聞きしたものについて、すぐにことばで子どもに与えることで、感覚もことばも身につけやすくなります。

●イライラの子どもの気持ちを理解する

イライラは伝染します。しかし、どうしても子どもにイライラしてしまう、そんなときには次の解釈が役立ちます。【困っているのね】です。

怒っている人は困っていますから、子どもがイライラしていたり、怒っていたり、荒れていたら、「困っているんだね」と思ってあげると、不思議と怒りは治まります。すると、こちらがイライラしていなければ子どもはイライラしつづけることができませんから、おのずと収束することになります。イライラを静めるには、子どもの気持ちの理解をすることが最も効果的なのです。

特性への対応

14

療育

● まだ何もできないのに小学校入学が心配

おかんの相談

こうちゃん5才8カ月

先日、こうちゃんの担当クリニックの言語療法士さんとの面談で、園で習っているマカトンが、園では先生のマネをしてやっているけど、日常生活でうまく反映できていない話をしました。すると「小学校に進級するので、表現方法のツールを多くしていったほうがいい」ということでした。しかし、このツール自体に興味がなく、てきとうに指さして終わり、みたいな感じになっています。

「どうしたらいいの？」アドバイス

動作をやりやすくする

療育や進学について、新しいことがはじまるということから、親は焦ります。しかし、子どもの成長に合わせた、子どもに「今必要なこと」を選択して身につけさせる支援をしないと、一向にうまくいかないことがあります。何より、無理なことをさせられる子どもがかわいそうです。

写真から選んでもらう方法の場合、取りに行くというのはハードルが高い場合もありますので、写真の物がある部屋の側にホワイトボードを置いて、写真を貼り付けて取りやすくします。そして、写真を洗濯ばさみから取るなど、動作がむずかしいこともあるかもしれないので、動作的にも取りやすくしてあげることも大切です。

写真の提示と一緒に、ことばで言ってあげることも忘れないでください。カードの欠点は、それを出せば希望が得られるということで、ことばのやりとりを忘れてしまいがちなことです。

子どもの気持ち

なんでこんなことするの？

●子どもとしては混乱する

子どもにしてみれば、今まで指さしなどでなんとなくお母さんはわかってくれていたのに、「なんでこんなことするの？」という感覚があるのかもしれません。

今後や将来を案じ、将来への備えとして様々な対処法を考えたり、予防に備えようと思うのは当然のことだと思います。しかし、「小学校入学のために、このスキルを身につけさせよう」ということで新しいことを導入されても、子どもとしては混乱する可能性もあります。

新しい療育をするときのポイント

- 本当に必要なことか
- 子どもがどう感じているか

新しいことを導入することが成長につながったり、子どもにとって便利になることは、どんどん学ばせていきたいです。たとえば、いずれはことばの指示だけでわかるようになってほしいから、絵カードを徐々に少なくして字だけにしていく、次には字も減らしてことばの指示だけにする。伝えられずに本人が苦しんでいるときには、絵カードシステムを利用して本人が訴えられるように助けるなどです。

もちろん、子どものことを考えてこその導入なのですが、子どもがどう感じているか、どうしたら子どもが役立つと感じるのかを考えたうえで進めていくことが大切です。そうしなければ、たんなる「押しつけの支援」と、子どもは感じてしまうかもしれません。

こうちゃんとおかんのその後

意味不明な親の焦りがあったのかも……

写真作戦を開始して間もなくのころ、療育手帳の更新のため児童相談所でいろいろな検査をすることがありました。こうちゃんは慣れないところで、しかも苦手なイラストの絵で「リンゴどれ?」、「バナナどれ?」と質問されても指さしもできず、落ち着かず、反すうをくり返してトイレに逃げる作戦もするなど、とても居心地の悪い所のようでした。

そのためか、私が写真を提示して「どれで遊びたい?」、「どれが食べたいの選んで?」と言っても全部指さししたり、私の質問に無視し棚を開けて遊具をゴソゴソしはじめたり、反すうもするようになりました。

最初は、名称と実物が一致しないからそうなるのかと思って、実物と写真を見せて「これとこれは一緒だよ○○」って言っていました。しかし、いろいろな質問をどんどんされること自体、こうちゃんはもううんざりなのかなって感じたのです。

それを先生にお話すると、「ストレスがかかっているようなので、中止したほうがいいですね。マカトンや視覚支援にこだわらず、こうちゃんなりの表現方法があればそれを活かして、できているマカトンも行いながらことばも言ってあげる。それでいいと思います。指さしも以前よりよくするようになっていますよね」ということでした。

たしかに、ツールがたくさんになったほうが、いろいろな人にわかってもらえるという点では便利かもしれないけど、今こうちゃんができていることをホメて、少しずつ増やしていく大切さを感じました。

ことばが出ない、もうすぐ小学生になる、という親の焦り……こうちゃんにとっては、意味不明な大人側の焦り、そんなものがおかん自身にもあったのかもしれません……。

その後の療育ポイント

こどもが必要としている助けを導入する

●よく観察して気持ちを読み取りながら

こうちゃんの場合、マカトンもまだ身についておらず、マネが不得意なこともあって、ある程度のむずかしさがあります。そんなときに、小学校で必要になるかもしれないからと絵カードで訴える方式を導入されても、こうちゃんにしてみれば工程が増えて不便なだけです。こうちゃんにとって簡単になったり便利になったかというと、そうでもなく、どちらかというと面倒くさいものとなっています。これでは身につかないのは当然です。

子どもは、「相手に伝わらなくて困った」ときに、伝える道具が近くにあればそれを使います。予防として導入するのではなく、困ったら導入する方が受け入れやすいです。周囲の人が、子どもをよく観察して気持ちを読み取り、そのうえで必要な助けを導入することが大切です。

●子どもの力を信じる

なかなか自閉症児の子育ては一筋縄ではいきません。お母さんはわかってくれる相手もいなくて孤高奮闘していることが多いと思います。その中でどうしても、「自閉症だからできない」、「自閉症だからここは成長しない」という解釈をしがちです。これはお母さんだけではなく、支援者にも言えることです。

しかし、私の経験上、どんな子どもも発達していきます。

対人だけではなくて、生活動作などについてもできないと思わないで、できると信じて挑戦させてみてください。あきらめる前に、できるところまで挑戦してみてください。子どもが発達することを信じて、子ども自身に向き合ってほしいと思います。

●さいごに……「こうちゃんの今」

中野おかん

こうちゃんは、今年の4月に特別支援学校小学部の1年生になりました。家から遠くに学校があり、約1時間くらいスクールバスに乗って行きます。うちは核家族ということもあり、また今後のことも考えて、学校が終わったあとは放課後デイサービスを利用しています。

こんなにも環境が変化し、新規不安が強いこうちゃんにとってどんなに大変なことか……とても落ち着かない、荒れるなどを心配していました。しかし、初日は大泣きしましたが、バスに乗るのも、おかんが2、3日一緒に乗り、「10数えたらお母さん出ます」と言うと受け入れ、そのあとは1人で乗っています。学校では、トイレサインを初日からして、うんちまでしました。

体育館、大人数が苦手で、入学式は参加できませんでしたが、翌日の始業式には参加できました（入学式のあと、学校の支援者の方が体育館のログタワーで遊ばせてくれて、楽しいところと認識した様子）。

放課後デイサービスは、行くのをとてもイヤがり、視覚支援の写真を隠して意思表示します。しかし、「こうちゃんの気持ちはわかるよ。お母さんが、用事を済ませることができるから、こうちゃんがここでみんなといてくれたらお母さん助かるよ」、「今日がんばったら、明日はないよ」と言うと受け入れ、それなりにがんばることができ、5回くらい体験したら泣くことも少なくなりました。

＊

クローバー教室で指導していただいた様々なことは、こうちゃんの基礎力をつけてもらったと思っています。「おかんに思い切り甘えられる」、「わんぱく坊主が、思い切り身体を動かすことをむやみに止めない」、「正しい表現方法を、その子の発達に合わせて日常生活の中で根気よく教えていく」などの積み重ねが、今回の大きな環境の変化にも、短期間で慣れることができて、新しく出会った人にも、自分の気持ちを伝える行動ができているのだと思います。

そして何より、「こうちゃんは、どうしてこういう行動をするんだろう?」という視点のもち方、「この子はわからないから」という気持ちをもたないで、母の気持ちも伝えながら一緒に歩んでいく大切さを、細井先生に教えていただいたと思っています。

あとがき

本書は、自閉症スペクトラムの子どもを育てるお母さんである、中野おかんさんの協力のおかげで実現しました。その多大なる貢献に感謝します。そして、素敵な構成と文章に仕上げてくださったぶどう社の市毛氏に感謝します。

本書を通してお伝えしてきたように、自閉症スペクトラム児の教育には、「甘え」が非常に重要です。中野おかんさんのあとがきにも出てくるように、こうちゃんがいろいろと受け入れられるようになり、耐えられるようになったのは、「甘え」が育ってお母さんに頼れるようになったからだと思います。甘えを育てることによって、その後の子どもの様子が変わってきます。具体的にいえば、新規不安も和らぐし、お願いもできるようになるのです。

子どもの気持ちを理解し、安心を与え、甘えを育てると、必ず明るい未来が手に入ります。みなさまの子育てを応援しています。

２０１６年４月　細井　晴代

細井 晴代（ほそい はるよ）

1977年、生まれ
2001年、愛知県刈谷市役所へ保健師として勤務
2008年、養護教諭免許取得
2011年、発達支援教室クローバー設立
2014年、愛知教育大学大学院修了 （特別支援教育科学専攻、教育学修士取得）
2015年、愛知教育大学非常勤講師として勤務
2015年、「ＮＰＯ法人ぎふと」代表

著書：「保育者のための発達支援ガイド」 明治図書出版

「発達支援教室クローバー」
HP：http://www.hattatsu-clover.com/

中野おかん（なかのおかん）

2010年、長男、こうちゃんを出産
2013年、こうちゃんが、自閉症と診断される
2015年、社会福祉士資格取得めざし通信大学へ入学
2015年、「ＮＰＯ法人ぎふと」を他メンバーとともに設立
看護師として療養病棟で勤務

自閉症スペクトラムの子育て
幼児期の「どうしたらいいの？」をサポート

著　者　細井 晴代

初版発行　2016年５月20日

発行所　ぶどう社
編集担当／市毛 さやか
〒101-0052　東京都千代田区神田小川町3-5-4 お茶の水 S.C. 905
TEL 03（5283）7544　FAX 03（3295）5211
ホームページ　http://www.budousha.co.jp

印刷・製本／モリモト印刷　用紙／中庄